Kesä jota ei tullut

Mika Seppälä

Kesä jota ei tullut

ajatuksia

Kustantaja: BoD™ – Books on Demand, Helsinki, Suomi

Valmistaja: Books on Demand GmbH, Norderstedt, Saksa

ISBN: 978-952-802-526-9

koko oloni
kolisi korkkareina,
ja maalit naamassa
halkeilivat päällystevaurioisella
tiellä

ja läntisellä taivaalla
aurinko putosi horisontin
alle kuin kivi

ja sinä samaisena
hetkenä suuresti helpotti,
kun sydämeni
äkkiä keveni

se on sinun yksinäisyytesi

lähdet majastasi
kohtaat jonkun ja
sanot sille jollekin
hei

jatkat matkaa
haluat lisää
ja olet kohta liian
sairas

ei enää ketään
satunnaista tuttavaa
ei koskaan enää

ei tänään hei
kuin se olisi viimeinen
sana

ei milloinkaan
ei

ruoho jalkojeni alla
unohtuu varjoon
eikä ole unelmaa joka
voisi toiseksi vaihtua

poutapilvet ylläni ovat korkeat
vaan ovatko ne yksi ja sama

vai poikkeaako
aurinko reitiltään
kun taivas sataa päälleni
ja tekee niin
kipeää

haluan ikuistaa itseni

onko kauniimpaa musiikkia
kuin siveltimen rouhe paljaalla
kankaalla!

olen niin tyytyväinen:

säästän kuvan kun
veitsi jo rannetta
viiltää

en suruani sure
en murhettani murehdi
vain vaiti ja hiljaa kaiun
mitä lie

en tätä eloa pyytänyt
en syntymääni kysellyt
mutta kuolla voin
monta kertaa

ja taivaan herra on
julma jumala
ei sille yllä kenenkään kiitos

yksin olen kaikkeuteni alla
kun sammuvat tähdet
vievät köyhältä
köyhyydenkin

yksin on ylhäisyydessään luoja
niin kuin täällä alhaalla jossain
myös jokainen ja
minäkin

että rakastan –

miksi raapustaa sitä
ylös ja alas orpouteni rannattomille
arkeille,

kuin vain joskus sillä lailla
yhdellä sanalla
mukavasti katsoa sinua
ja täyttää koko
kirjasto

En minä nyt taivaasta puhu
enkä jumalilta vaadi

kai se vain elämä on tässä
vaikka joskus isken käteni ristiin
niin lujaa
että sattuu tämä kaikki
ja haluaisi vain unohtaa

mutta silti –
jos voisin antaa tuulten kääntyä
ja varastaa itselleni jotakin uutta

voisinko joskus muualla avata
aamulla silmäni
ja kaikkeuden tarhassa
toisaalla aloittaa
valveeni

sillä usein on vaikea olla
itselleen käsirysyin,
siksipä tätä vain hiljaa
kauniisti kysyin

harvoin olen hereillä
näin aikaisin –
kuin haluaisin muistaa sen
mikä yössä minussa
seikkaili

kuolleet jotka kävivät
unissani kylässä,
sumuiset kuvat täynnä aaveita

seisahdan katsomaan
huoneessani hiljaista maisemaa,
kun mikään ei vielä
ulkona tapahdu

kun aamu pidättää henkeä liikkeettä,
kohta luopuu ja antaa päivän
vallata

katsoessani taakse
en löytänyt menneisyyttä,
vain tyhjyydellä oli tarkoitus
jota en ymmärtänyt

jatkoin matkaa –
näin edessäni ikävän
joka ei enää kaivannut
korjausta

puun lehvä kuiskaten väräjöi –

kuinka kauan kestää,
että tuuli käy suljettujen silmieni
ohi

kuinka kauan pitää olla kuollut,
jotta voi sanoa,
että elämä laupias on ollut

tänä iltana
mietin mitä rakkaudella
tekisin

sanako siitä sisälläni
mietteissäni
ahkerois

aloin humalan
ja runo ruumiissani
täyttyi

oli pakko se ylös kirjoittaa,
mutta kerkesin jo
koivun alla kusta sen
pois

pelkät silmät,
heikko katse –
tuskin huomaan mitään

tarvitaanko enää kieltä,
niin monta sanaa
kuvaamaan näin pientä
elämää

suu ei puhu,
korva ei kuule –
onko tämä tässä
eilen vai tänään

koko ihmisyys paljas huuto,
joutsenlaulu,
sekö kaikki,
ei yhtään enempää

kun yksinäisyyteni haluaa
mennä katsomaan postilaatikolle,
onko siellä mitään,

koko maailmani asettuu
niille sijoille ja jää,
vaikka itse olen
tallustanut takaisin jo ajat
sitten

aamuaurinko kiiruhtaa taivaalla
ja on paisteessaan
valmis

kesä maistuu
kahvikupposessa ja
nisunpalana suussa

en ole tänään kirjoittanut
sinusta yhtään runoa,
mutta haluatko minun
lukevan niistä toisen?

17

kun vesi ei maistu miltään,
huuli hivelee pullon
suuta

kun ei ole ketään muuta,
on känni ja
jumala

joka pelastaa vahingossa vierestä,
sielujen kyläluuta

istun sohvalla
ja ajattelen mitä
en tavallisesti
ajattele

ei siitä koskaan
ole liian kauan
kun huomaan
heikon kyyneleen

äitienpäivä on
milloin se
haluaa

minä haaveilen
vaikka kasvoilleni lyövä tuuli
olisi alkanut jo
kauan sitten

minä haaveilen
vaikka ehkä se kaikki
on tapahtunut jo eilen

voikukka on keltainen,
se maalaa ruoholle
auringon

koivu avaa lehtiään,
pian taivas viskoo helteitään

kohta lähdet,
vaikka on kesäpäivä ensimmäinen,
ja kun ajattelen sen ääneen,
tajuan,

tulee huomenna tuo
viimeinen

voi taivas!

ovat siellä ikuisesti
ajat suotuisia,

punainen tupa ja
perunamaa –

käsi kädessä
nyrkki nyrkissä
silmä silmässä
hammas hampaassa

kuinka katse voisi tappaa,
koska isä meidän on ainoa oikea

me lempeästi ainaisesti onnellisia
lapsiansa autuudessa
ikiomia

lokit saapuvat,
kaartelevat pihallani,
tämä hetki on
minulle uusi

ajatukseni kuiskaa –
joki on tuolla,
mutta linnut kiertävät
ihan siinä

aurinko piileksii kaiken alla,
ei paina silmiäni kiinni
vaan kantavat yhä siipeni

sillä voitko juuri nyt tajuta
kuinka unohdan

jumalan kämmen on
hartiallani raskas

ote irtoaa –
silti en voi olla nyt
rakastajatta

alasti,
niin valmiiksi alasti
että tulen tykösi näin
mitään riisumatta

kun tänään mikään
ei käy toteen,
silti tartun puhelimeen
ja soitan

vain lausuakseni
sinulle mykkyyteni
ääneen

on kylmä ruumiini routa,
on sen sylissä itseni hauta
ja vankka on sieluni
arkkulauta

syvällä on sijani,
ei sieltä kuulu
kuolema

siksikö olen niin vaiti,
siksikö sinulle huolena?

juuri huomasin
elämäni olevan niin pitkäveteistä
että huominen päätti alkaa vasta
sitä seuraavana päivänä

jos olet siinä
en hahmota muotoasi

astu muualle
niin löydän ja maalaan sinut

mene pois pois pois
ja silloin siveltimeni hyväilee
löytää ja
viiltää

muutu ikäväksi
ja kangas pienenkin kosketuksen
alla on
hauras

ja vielä enemmän
niin ettei kaikki kaipuuni sinuun
ylety

ja olet niin valmiina
värieni alla ja
silmäni
läpäisevät
halkaisee pelkkä
katseeni

haluaisin kirjoittaa sinulle
päivistämme, jotka ovat olleet
hyviä

aurinko vetäytyy pilveen
ja miettii hetken,

nolottaa kaikki kaunis,
ja puhdas tyyni onni jää selittämättä

ajatus jää ajattelematta,
kynä kourassa katkeaa

tuulee –

se vie taivaankannen mukanaan,
ei avaruudella ole rajaa,
minä muserrun kaiken alla

viima lyö ikkunaan,
älä iske läpi jumalan miekka,
olen vielä kesken

tulkaa valkoiset poutapilvet,
osaatteko sen myrskyn myötä,
älä anna aurinko valosi
pyyhkiytyä pois,

saavu puuskan jälkeen tyyni,
tuo lohtu,
kuin rakkaani vielä tänään
valheessani luonani ois

jos joskus uskaltaisin olla valmis
enkä enää vaihtaisi
kulkujani

en haluaisi samaa suudelmaa
eri huulilta

en alituiseen lähtisi
vaan joskus rohkenisin tulla
takaisin

jos joskus pysähtyisin,
hetken hengähtäisin
sen jälkeen
hengähtäisin

tänä pääsiäisenä on oltava puu
ja taivuttaa oksansa,
vaikka mikään tuuli ei
tuiverra

hiljaisuudessa
antaa sydämen
muuttua muutamaksi sanaksi,
murtaa mykkyys
niin kuin leipä –

antaa suun aueta ja
lausua ääneen jumalani nimi,
minkä itseltäni vielä
äsken kielsin

toisinaan
ei ole ketään,
kenelle mitään ajatella
saati sanoa

talvi näyttää vielä harmaansa,
vaikka kevät vaanii
kaikkialla

kaihdin on sen verran kiinni,
että vähäinen valo tulee sisään
jos uskaltaa

toinen huone on surullisempi toista,
ei ilo pidä valveilla –
on illalla helpompi
nukahtaa

kai jokainen elämä sisältää
pelkän mahdollisuuden,
joka ei milloinkaan täyty –

lie ihmisyyden salaisuus,
että matka jää lopulta aina
kesken

onko se ikäväni
jos sieluni on sinusta
rohtunut

tuuli kinostaa ulkona
uusia törmiä –
enää lumen peitto heiluu

alan uskoa autuuteen
pingon paratiisin
puutarhaan

juoksen itse itseni
perässä en kiinni
saa

ei pidä itseltään karata
ei koskaan kuki iäisyyden
kedon kukka
eikä viiniköynnös
kasva varttani ympäri vaan
kiertyy käärme
viettelee ja kuristaa

en koskaan pääse pakoon
ei luojani kiellä
etten itseäni
hyvään ja pahaan
jaa

vaikka tiedän kaiken valheen
mikä perillä
jokaisen kadotukseen nauraa,
johdattaa

kun tarpeeksi taivalsin,
vapisin ja varisin,
sen tunsin kumarassa
varressani vain

putosivat tielleni
selitykset ja sanat,
niitä potkin kauemmaksi
jaloistain

ei ollut enää mitään,
lipesi huuliltani
viimeinen huokaus

ei ollut enää sitäkään
mutta pelkkä mykkyys,
kun kourani lopulta
mä ristiin sain

kun löysin sinut,
alkoi joulu ainainen

olisin vielä halunnut
kanssasi uskaltaa

ei nouse yksikään päivä,
mutta laskee niistä jokainen

tänään aion lähteä
matkaan

vielä pysähdyn,
katson taivaalle,
linnut ovat jo lentonsa
lentäneet –

ehkä ymmärrän

on kevät,
kaikessa mikä sulaa,
asuu paatos

aurinko paistaa kohti
vaikka horisontin alta,
ellei,
se käyttää muuta teonsanaa

mennyttä en jaksa
menneeltä itkeä,
vaan vajota lopulta katuen,
muistamatta koskaan sanoneeni elämälle
kiitos

pitää olla kovin pieni
että mahtuu suureen
ajatukseen

eivät kuolleet vastaa,
elävät sitä vähemmän

yö on niin tosi
etteivät tähtikirkkaalla taivaalla
tähdet näy

mutta minä katson,
tuijotan niin ylös
etten varmasti yletä

tärkeintä on uskoa,
minne mieleni käy

ihmetellä aina
ja vain pelkkiin
puhtaisiin haaveisiin
lopulta kyetä

kai jumala merkkaa
kohdan taivaankanteen
jossa on minun paikkani
vilkkua talviöin

kai joku tähteni himmeyttä
joskus vahingossa vilkaisee
kun vielä nyt elostani
enää sen lopun mitätöin

tämä on ensimmäinen herääminen

mikään ei silti ala
ei mitään niin suurta
että voisin kääntää sivua
ja jatkaa

ja jotta kuolema olisi tosi
sitä ennen täytyy elää

niinkö tosiaan

hetken maisema ikkunassa
on koko raamitettu maailmani
ehkä se
kaikki

mitä minä kirjoittaisin

ei sinun tarvitse tulla tyköni
ja sanoa että
rakastat

minun ei ole pakko ottaa
askeltakaan kun voin sanoa
että minä
en

kuuluu linnun ääni kauempaa
panen sen soimaan
lujempaa

kammoan elämää –
kammoan enemmän
kuin öisiä pimeitä unia,
joiden sammuttua vajoaisin
tappavaan valoon,
kun talven jälkeen
ilkkuvat keväiset
irstaat pälvet

pelkään kuolemaa –
minä pelkään
enemmän runoa,
kuin että valmiiksi
kirjoittaisin sen
ja kohoaisin,
kunnes vihdoin saisin
oikeat enkelin
siivet

taivas näyttää kaiken sinensä

jotta voisin selittää,
raapaisisinko sitä kynnen alle
ja kulkisin koko kesän
tämä päivä sormissani

ei aatoksillani olisi
mitään rajaa, kun
vilkaisen ylös korkeuksiin

vain huoneeni on yhä matala,
rattona unelma,
kattona katto

Toukokuun viimeinen,
kesä naputtelee

ajatus niin hidas,
ontuu ja pysähtyy ikkunaani
kiinni, aivan kiinni

tuijottaa mykkänä sisään
miettien, onko minussa vielä
varastettavaa.

Ulkona helle ottaisi kaverina kaulasta
ja kuristaisi,

ei enää olisi mitään viileää
paitsi oma kylmä
kuolema.

niin näyttää alhaalta
kauniilta taivas

on luvattu ehkä siksi,
että viimeisenä päivänä temmataan
korkeuksiin kuolleet,
siihen autuuteen ovat jumalat
nimemme vuolleet

siellä vapaudella on sija,
siellä risteävät hopeiset rannut,
jotka taaksensa jättävät taivaan linnut –

joiden joukossa kiitävät ilmoja pitkin
puhtain valkohelmoin enkelitkin

lie parempi,
niin kuin viisaat sanovat,
unohtaa mennyt ja
aloittaa tästä

katsoa nyt,
kuinka aurinko laskee tiehensä
ja sen jälkeen alkaa
pimeys

kun itken,
muista koskettaa
kyyneliäni

51